PERCAKAPAN BAHASA INDONESIA BERPASANGAN

ペアワークで学ぶ

インドネシア語会話

Edy Priyono　エディ・プリヨ

1

ペアワークで学ぶ インドネシア語会話

DAFTAR ISI 目次

CARA PAKAI この本の使い方

この本は、インドネシア語を学び始めてしばらくたって、「もっと会話ができるようになりたい」と思った学習者に使ってほしい本です。各課にアクティビティがついています。

> アクティビティ①
> 下線部に入れる単語または表現を考えましょう。
>
> アクティビティ②
> 8人以上の友達と話しましょう。
>
> アクティビティ③
> ペアをつくりましょう。
> そして、スマートフォンの録音機能を利用して会話を各自録音して下さい。
> 内容を確認してベスト録音を教員にメールで送って下さい。
>
> アクティビティ④
> 最後に、インドネシア語の会話を2人で和訳して下さい。

アクティビティ①では、自分で考えて会話をつくりましょう。

アクティビティ②では、できるだけ多く話しましょう。

アクティビティ③では、ペアと協力して会話を完成して練習しましょう。録音で発音を確認してください。自学自習でこのテキストを使うときも、自分で自分の会話を録音しながら学習することをお勧めします。

アクティビティ④で復習しましょう。

各課の会話は9〜11個の短い対話に分かれているので、どこができて、どこができないかがわかりやすくなっています。予習時にそれをはっきりさせて授業に臨むと効果的です。

各ページの右部分の余白は、単語調べや学習メモに利用してください。

※1，3，6の3課は疑問詞を学ぶための課で、アクティビティの指示が異なります。

インドネシアの郵便ポスト

1　WAKTU 時間

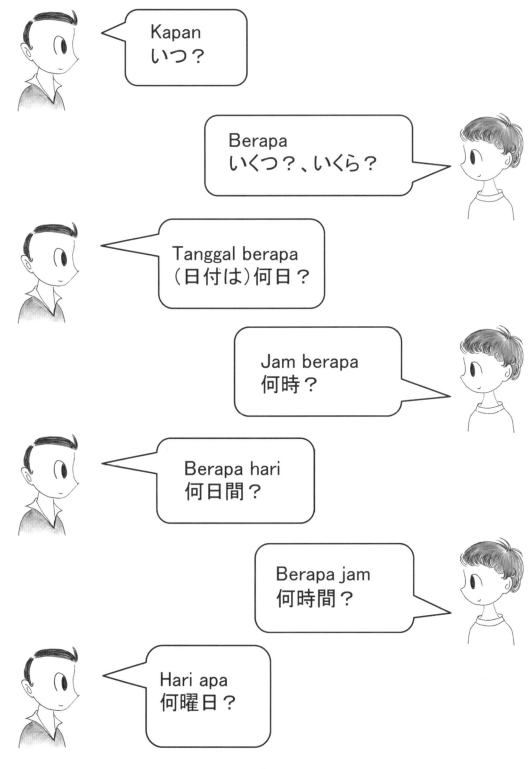

Kapan
いつ？

Berapa
いくつ？、いくら？

Tanggal berapa
（日付は）何日？

Jam berapa
何時？

Berapa hari
何日間？

Berapa jam
何時間？

Hari apa
何曜日？

次の１０個の日本語の質問をインドネシア語にしましょう。

表現①

今日は何日ですか。

表現②

（あなたは）いつ大学に入学しましたか。

表現③

今年は毎週、何日間大学へ来ますか。

表現④

毎週、何曜日に大学へ来ますか。

表現⑤

毎日、何時間くらい勉強しますか。

表現⑥

昨夜、何時間くらい寝ましたか。

表現⑦

今朝、何時に起きましたか。

表現⑧

今日、何時頃大学に来ましたか。

表現⑨

一日に何時間くらい携帯電話を使いますか。

表現⑩

（あなたの）携帯電話の値段はいくらですか。

1から10までの質問とその答えをインドネシア語で書きましょう。

①

②

③

④

⑤

⑥

⑦

⑧

⑨

⑩

アクティビティ③

8人以上の友達と話しましょう。

アクティビティ④

ペアで練習して下さい。
そして、スマートフォンの録音機能を利用して会話を各自録音して下さい。
内容を確認してベスト録音を教員にメールで送って下さい。

2 PIKNIK ピクニック

Latihan（練習）①

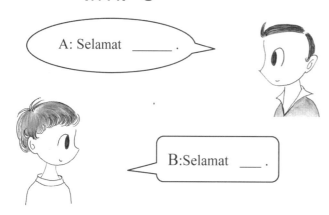

Latihan（練習）②

Latihan（練習）③

注：piknik ピクニック

pemandangan 景色

Latihan（練習）④

A:Mari kita pergi ke _____ . Di sana banyak bunga sedang mekar.

B:Bunga apa yang sedang mekar?

注：mekar 開花する

Latihan（練習）⑤

A:Banyak! Misalnya bunga _____ , dan bunga _____ .

B: Wah, bagus! Dengan apa kita pergi ke sana?

Latihan（練習）⑥

A:Mari kita naik _____ .

B: Boleh. Jam berapa berangkat?

Latihan（練習）⑦

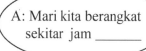
A: Mari kita berangkat sekitar jam _____ .

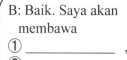
B: Baik. Saya akan membawa
① _____ ,
② _____ ,
dan ③ _____ .
（おいしい食物）

Latihan（練習）⑧

A: Terima kasih.
Saya akan membawa
① _____ ,
② _____ dan
③ _____ .（飲物）

B: Terima kasih.
Oh, ya, saya akan membawa tikar!

Latihan（練習）⑨

A: Terima kasih.
Sampai～.

B: Sampai ～.

アクティビティ①

下線部に入れる単語または表現を考えましょう。

アクティビティ②

8人以上の友達と話しましょう。

アクティビティ③

ペアをつくりましょう。
そして、スマートフォンの録音機能を利用して会話を各自録音して下さい。
内容を確認してベスト録音を教員にメールで送って下さい。

アクティビティ④

最後に、インドネシア語の会話を2人で和訳して下さい。

①

②

③

④

⑤

⑥

⑦

⑧

⑨

道端で売られているインドネシア国旗

3 KELUARGA 家族

Berapa？
いくつ？

Berapa orang ~?
何人～？

Nomor berapa?
何番目？

Dari mana?
どこから？

Di mana?
どこで？

Ke mana?
どこへ？

Bagaimana~?
どんなですか？

次の１０個の日本語の質問をインドネシア語にしましょう。

表現①

> 兄弟や姉妹は何人
> いますか。

表現②

> あなたは何番目の
> 子どもですか。

表現③

> お父さんとお母さんは
> どこのご出身ですか。

注：〜の出身だ berasal

表現④

> あなたはどこで生ま
> れましたか。

表現⑤

> ご両親のお仕事は
> 何ですか。

表現⑥

ご両親の趣味は何ですか。

表現⑦

毎朝、お母さんとお父さんは何時頃起きますか。

表現⑧

ご両親はどんな性格ですか。

注：性格 sifat

表現⑨

今年、おじいさんとおばあさんは何歳ですか。

注：年齢 umur

表現⑩

今年の断食月あけ休暇に、家族とどこへ行きたいですか。

注：断食月あけ休暇
　　liburan Lebaran

アクティビティ②

１から１０までの質問とその答えをインドネシア語で書きましょう。

①

②

③

④

⑤

⑥

⑦

⑧

⑨

⑩

アクティビティ③

８人以上の友達と話しましょう。

アクティビティ④

ペアで練習して下さい。

そして、スマートフォンの録音機能を利用して会話を各自録音して下さい。

内容を確認してベスト録音を教員にメールで送って下さい。

4 LIBURAN LEBARAN
断食月あけの休暇

Latihan（練習）①

A: Selamat _____ .
   Apa kabar?

B:Selamat _____ .
   _____ .

Latihan（練習）②

A:Kita sudah libur
 _ hari, ya. Mari kita
berbicara tentang liburan
Lebaran.

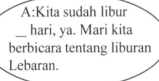

B:Wah, itu ide baik!
Liburan Lebaran saya
sibuk!

Latihan（練習）③

A: Oh, gitu.
Lebaran, _B_ pergi ke
mana?

B: Saya pergi
  ke _____ dan
ke _____ .

Latihan（練習）④

A: Dengan siapa pergi ke ＿＿＿ dan ke ＿＿＿ ?

B: Saya pergi dengan ＿＿＿＿ .

Latihan（練習）⑤

A: Naik apa ke sana?

B: Saya naik ＿＿＿ dan ＿＿＿ .

Latihan（練習）⑥

A: Kira-kira berapa hari menginap di sana?

B: Saya menginap selama ＿＿＿ hari.

Latihan（練習）⑦

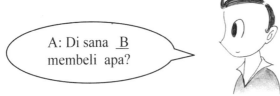

A: Di sana <u>B</u> membeli apa?

B: Saya membeli _____ dan _____ .

Latihan（練習）⑧

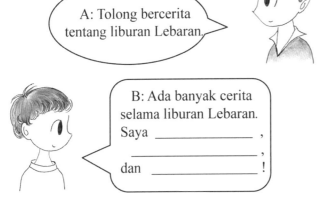

A: Tolong bercerita tentang liburan Lebaran.

注：bercerita 話をする

B: Ada banyak cerita selama liburan Lebaran. Saya _____ , _____ , dan _____ !

Latihan（練習）⑨

A: Wah, ceritanya seru!

B: Terima kasih.

Latihan（練習）⑩

A: Sama-sama.
　Sampai _____ .

B: Sampai _____ .

アクティビティ①
下線部に入れる単語または表現を考えましょう。

アクティビティ②
8人以上の友達と話しましょう。

アクティビティ③
ペアをつくりましょう。
そして、スマートフォンの録音機能を利用して会話を各自録音して下さい。
内容を確認してベスト録音を教員にメールで送って下さい。

アクティビティ④
最後に、インドネシア語の会話を2人で和訳して下さい。

①

②

③

④

⑤

⑥

⑦

⑧

⑨

⑩

5 DI BIRO PERJALANAN
旅行代理店にて

Latihan（練習）①

A: Selamat siang. Silakan duduk. Bisa saya bantu?

B:Terima kasih. Saya mau pergi ke luar negeri.

Latihan（練習）②

A: Mau pergi ke mana?

B: Saya mau ke
_____ .（国名）
Bisa pesan tiket pesawat udara dan hotel di sini?

Latihan（練習）③

A: Ya, bisa. Mau naik pesawat apa? Mau menginap di hotel mana?

B: Saya mau naik pesawat _____ , dan nama hotelnya _____ .
（航行会社名、ホテル名）

Latihan（練習）④

A: Baik. Anda mau pesan tiket pulang-pergi atau sekali jalan?

B: Saya mau pesan tiket pulang-pergi.

Latihan（練習）⑤

A: Berangkatnya tanggal berapa, bulan apa ?

B: Saya mau berangkat tanggal ___ bulan ___ .

Latihan（練習）⑥

A: Baik. Pulangnya tanggal berapa, bulan apa?

B: Pulangnya tanggal ___ bulan ____ . Berapa harga tiketnya?

Latihan（練習）⑦

A: Tunggu sebentar. Harga tiket kelas bisnis _____ rupiah. Tiket ekonomi __ rupiah.

B: Baik. Kalau begitu, saya pesan tiket kelas ___ . Berapa biaya hotelnya?

Latihan（練習）⑧

A: ___ rupiah. Tolong tulis nama, alamat, dan nomor HP Anda di kertas ini.

B: Baik. Kapan saya harus membayar?

Latihan（練習）⑨

A: Hari ini tolong membayar uang muka dulu _____ rupiah.

B: Baik. Ini uang mukanya. _____ rupiah.

注：uang muka 頭金

Latihan（練習）⑩

A: Terima kasih.
Ini kuitansinya. Anda bisa ambil tiketnya pada hari ____ , tanggal ____ .

B: Terima kasih.
Sampai tanggal ____ .

アクティビティ①

下線部に入れる単語または表現を考えましょう。

アクティビティ②

8人以上の友達と話しましょう。

アクティビティ③

ペアをつくりましょう。
そして、スマートフォンの録音機能を利用して会話を各自録音して下さい。
内容を確認してベスト録音を教員にメールで送って下さい。

アクティビティ④

最後に、インドネシア語の会話を2人で和訳して下さい。

①

②

③

④

⑤

⑥

⑦

⑧

⑨

⑩

6　RUMAH ORANG TUA 親の家

次の１０個の日本語の質問をインドネシア語にしましょう。

表現①

ご両親は今、どこに
住んでいますか。

表現②

今、家に住んでいま
すか、それともマン
ションに住んでいま
すか。

注：マンション
　　kondominium

表現③

どの位その家（マ
ンション）に住んで
いますか。

表現④

その家（マンション）
の色は何ですか。

表現⑤

その家（マンション）は
何階建てですか。

表現⑥

その家（マンション）は何年前に建てられましたか。

表現⑦

家から最寄りのバス停（駅）まで何分位ですか。

表現⑧

家の周辺にどんな公共施設がありますか。

注：公共施設
fasilitas umum

表現⑨

その家（マンション）には寝室がいくつありますか。

表現⑩

あなたの部屋の中で一番（値段が）高い物はなんですか。

1から10までの質問とその答えをインドネシア語で書きましょう。

①

②

③

④

⑤

⑥

⑦

⑧

⑨

⑩

アクティビティ③
8人以上の友達と話しましょう。

アクティビティ④
ペアで練習して下さい。
そして、スマートフォンの録音機能を利用して会話を各自録音して下さい。
内容を確認してベスト録音を教員にメールで送って下さい。

7 PARIWISATA KE LUAR NEGERI
海外旅行

Latihan（練習）①

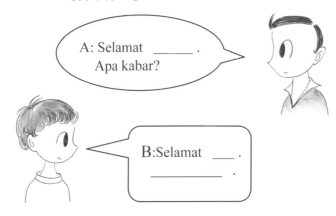

A: Selamat _____ .
Apa kabar?

B:Selamat ___ .
_____ .

Latihan（練習）②

A:Hari ini, mari kita
berbicara tentang pariwisata
ke luar negeri.

B:Wah, itu ide baik!
Saya suka pariwisata
ke luar negeri.

Latihan（練習）③

A: Kalau ada banyak
uang, liburan musim panas
tahun ini, __B__ mau pergi ke
negara mana?

B: Kalau ada banyak
uang, saya mau pergi
ke ___ dan ___ .
（国名）

Latihan（練習）④

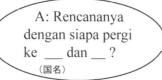

A: Rencananya dengan siapa pergi ke ___ dan __ ?
（国名）

B: Saya mau pergi dengan _____ saya.

Latihan（練習）⑤

A: Rencananya mau naik pesawat udara apa?

B: Saya mau naik pesawat _____ .
（航空会社名）

Latihan（練習）⑥

A: Kira-kira berapa hari mau tinggal di _____ ?

B: Saya mau tinggal di ___ selama ___ hari.

Latihan（練習）⑦

A: Di sana mau menginap di mana?

B: Saya mau menginap di Hotel _____ .
（ホテル名）

Latihan（練習）⑧

A: Di sana apa acaranya?

B: Di _____ saya mau _____ dan _____ .
（面白い内容で長い文）

Latihan（練習）⑨

A: Wah, seru, ya. Oh, ya, besok malam, kalau ada waktu, mari makan malam sama-sama.

B: Boleh, itu ide baik. Makan malam di mana?

Latihan（練習）⑩

A: Mari kita makan di
_____ .

B: Oke.
Sampai besok malam.

アクティビティ①
下線部に入れる単語または表現を考えましょう。

アクティビティ②
8人以上の友達と話しましょう。

アクティビティ③
ペアをつくりましょう。
そして、スマートフォンの録音機能を利用して会話を各自録音して下さい。
内容を確認してベスト録音を教員にメールで送って下さい。

アクティビティ④
最後に、インドネシア語の会話を2人で和訳して下さい。

①

②

③

④

⑤

⑥

⑦

⑧

⑨

⑩

8　BERBELANJA 買い物

Latihan（練習）①

A: Selamat _____ .
   Apa kabar?

B:Selamat _____ .
  _____ .

Latihan（練習）②

A: Hari Sabtu, tanggal
   _____ _B_ ada acara?

B: Hari Sabtu, tanggal
   ____ saya tidak
   ada acara. Mengapa?

Latihan（練習）③

A:Mari kita pergi berbelanja
sama-sama.

B:Wah, itu ide baik!
 Saya suka berbelanja.
 Di mana kita
 berbelanja?

Latihan（練習）④

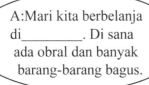

A:Mari kita berbelanja di_____. Di sana ada obral dan banyak barang-barang bagus.

B: Oh, begitu Dengan apa kita pergi ke sana?

Latihan（練習）⑤

A:Mari kita naik _____ .

B: Boleh. Jam berapa berangkat? dari ____ ?

Latihan（練習）⑥

A: Mari kita berangkat sekitar jam _____ .

B: Baik . __A__ mau membeli apa di sana?

Latihan（練習）⑦

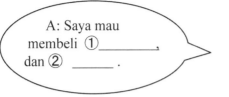

A: Saya mau membeli ①_____, dan ② _____ .

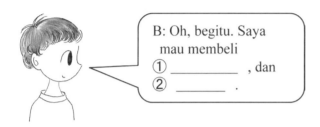

B: Oh, begitu. Saya mau membeli ① _____ , dan ② _____ .

Latihan（練習）⑧

A: Oh, begitu. Sesudah berbelanja, apa acaranya, ya?

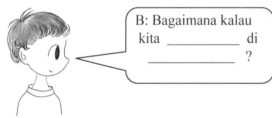

B: Bagaimana kalau kita _____ di _____ ?

Latihan（練習）⑨

A: Wah, itu ide baik. Saya setuju! Sampai tanggal ___ .

B: Sampai tanggal _____ .

アクティビティ①

下線部に入れる単語または表現を考えましょう。

アクティビティ②

8人以上の友達と話しましょう。

アクティビティ③

ペアをつくりましょう。
そして、スマートフォンの録音機能を利用して会話を各自録音して下さい。
内容を確認してベスト録音を教員にメールで送って下さい。

アクティビティ④

最後に、インドネシア語の会話を2人で和訳して下さい。

①

②

③

④

⑤

⑥

⑦

⑧

⑨

ソロ市グデ市場

9　DI BUTIK 高級洋装店にて

Latihan（練習）①

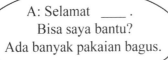

A: Selamat ___ .
Bisa saya bantu?
Ada banyak pakaian bagus.

B: Terima kasih.
Saya mau melihat-lihat dulu.

Latihan（練習）②

A: Silakan. Ada banyak model, warna dan ukuran. Ukurannya berapa?

注：model モデル
ukuran サイズ
L: besar
M: sedang
S: kecil

B: Biasanya, saya memakai ukuran _____ .

Latihan（練習）③

A: Oh, begitu. Anda suka warna apa?

B: Saya suka warna __ dan __ . Boleh lihat rok dan blus itu?

Latihan（練習）④

A: Tunggu sebentar.
Ini ukuran _____ .
Warna ____ .   Silakan coba
di kamar pas.

B: Terima kasih. Mm,
maaf blus ini terlalu
kecil. Ada yang lebih
besar?

注：kamar pas 試着室

Latihan（練習）⑤

A: Ya, ada. Tunggu
sebentar. Ini ukuran ____ .
Ini bagus dan model baru.
Silakan coba lagi.

B: Ah, blus ini pas!
Saya suka modelnya.
Berapa harganya?

注：pas　ピッタリ

Latihan（練習）⑥

A: Harganya _____ rupiah
（150万以上）.
karena ini model terbaru.

B:Terlalu mahal.
Boleh minta diskon?

注： diskon　割引き

Latihan（練習）⑦

A: Kalau beli ＿＿ helai, ada diskon 20 persen.

B: Kalau begitu, saya beli ＿＿ helai. Bisa bayar dengan kartu kredit?

Latihan（練習）⑧

A: Maaf, di sini tidak terima kartu kredit. Tolong bayar dengan uang kontan.

B: Baiklah. Ini uangnya, ＿＿ rupiah. Minta kuitansinya, ya.

Latihan（練習）⑨

A: Baik. Ini kuitansi dan kembaliannya. Oh, ya, ini kartu nama saya. Tolong datang lagi, ya.

B: Oke. Kapan-kapan saya akan datang lagi.

アクティビティ①

下線部に入れる単語または表現を考えましょう。

アクティビティ②

8人以上の友達と話しましょう。

アクティビティ③

ペアをつくりましょう。
そして、スマートフォンの録音機能を利用して会話を各自録音して下さい。
内容を確認してベスト録音を教員にメールで送って下さい。

アクティビティ④

最後に、インドネシア語の会話を2人で和訳して下さい。

①

②

③

④

⑤

⑥

⑦

⑧

⑨

10 TOSERBA PILIHAN HATI
お気に入りのデパート

Latihan（練習）①

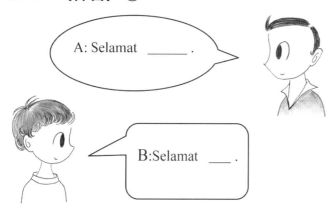

A: Selamat ＿＿＿＿ .

B: Selamat ＿＿ .

Latihan（練習）②

A: Apa kabar? Saya senang bertemu lagi dengan ＿B＿ .

B: Kabar baik. Saya juga senang bertemu lagi dengan A .

Latihan（練習）③

A: Hari ini mari kita berbicara tentang toserba.

B: Wah, itu ide baik. Saya suka toserba.

Latihan（練習）④

A: Biasanya __B__ pergi ke toserba mana ?

B: Biasanya saya pergi ke ___ dan ke ____ .

Latihan（練習）⑤

A: Setahun berapa kali __B__ pergi ke toserba itu ?

B: Setahun saya pergi ke toserba itu kira-kira ____ kali.

Latihan（練習）⑥

A: Biasanya dengan siapa pergi ke toserba itu?

B: Biasanya saya pergi dengan _____ saya.

Latihan（練習）⑦

A: Biasanya kira-kira berapa jam berbelanja di toserba itu?

B: Mm, biasanya kami berbelanja kira-kira _____ jam.

Latihan（練習）⑧

A: Omong-omong, baru-baru ini di toserba itu __B__ membeli apa?

B: Saya membeli _____ , _____ , dan _____ .

Latihan（練習）⑨

A: Oh, begitu. Berapa harga barang-barang itu?

B: Semuanya kira-kira ___ rupiah.

Latihan（練習）⑩

A: Omong-omong, mengapa __B__ suka berbelanja di toserba itu?

B: Saya suka berbelanja di toserba itu karena _____ .

Latihan（練習）⑪

A: Oh, begitu, ya. Sampai _____ .

B: Sampai ____ .

アクティビティ①
下線部に入れる単語または表現を考えましょう。

アクティビティ②
8人以上の友達と話しましょう。

アクティビティ③
ペアをつくりましょう。
そして、スマートフォンの録音機能を利用して会話を各自録音して下さい。
内容を確認してベスト録音を教員にメールで送って下さい。

最後に、インドネシア語の会話を2人で和訳して下さい。

①

②

③

④

⑤

⑥

⑦

⑧

⑨

⑩

⑪

ジョクジャカルタ市街

11　DI TOKO SEPATU 靴屋にて

A: PRAMUNIAGA 店員　B: PEMBELI 客

Latihan（練習）①

A: Selamat _____ .
Bisa saya bantu?

B:Terima kasih.
Saya mau
membeli sepatu
olahraga.

Latihan（練習）②

A: Silakan. Ada banyak
merek, dan ukuran.
Ukurannya berapa?

B: Biasanya, saya
memakai ukuran
_____ senti.

注：merek ブランド
　　 ukuran サイズ
　　 senti　センチ

Latihan（練習）③

A: Oh, begitu. Anda suka
merek apa? Warna apa?

B: Saya suka merek
_____ . Warnanya
_____ .

Latihan（練習）④

A: Tunggu sebentar.
Ini merek ____ warna ____ .
Ukurannya ____ senti.
Silakan coba.

B: Terima kasih.
Mm, sepatu ini terlalu kecil. Ada yang lebih besar?

Latihan（練習）⑤

A: Tunggu sebentar, ya.
Sepatu ini lebih besar.
Ukurannya ____ senti .
Silakan coba lagi.

B: Terima kasih.
Sepatu ini pas!
Saya suka sepatu ini.
Berapa harganya?

Latihan（練習）⑥

A: Harganya ____ rupiah.
Ini model baru.
Mereknya ____ .
Ini bagus!

B: Wah, terlalu mahal.
Boleh minta diskon?

注： diskon 割引き

Latihan（練習）⑦

A: Kalau beli dua pasang, saya beri diskon 10 persen. Bagaimana?

B: Kalau begitu, saya beli dua pasang. Warnanya A dan B . Berapa harganya?

注：pasang ～そく
　　persen　パーセント

Latihan（練習）⑧

A: Harganya ＿＿ rupiah.

B: Baik. Bisa saya bayar dengan kartu kredit?

Latihan（練習）⑨

A: Maaf, di sini tidak bisa bayar dengan kartu kredit. Tolong bayar dengan uang kontan.

B: Baiklah. Ini uangnya, ＿＿ rupiah. Minta kuitansinya, ya.

注：uang kontan 現金

Latihan（練習）⑩

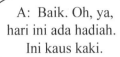

A: Baik. Oh, ya,
hari ini ada hadiah.
Ini kaus kaki.

注：hadiah　プレゼント

B: Terima kasih.
Oh, kaus kakinya
cantik!

Latihan（練習）⑪

A: Ini kuitansi
dan kembaliannya.
Terima kasih, ya.

注：kembalian　おつり

B: Sama-sama.

アクティビティ①
下線部に入れる単語または表現を考えましょう。

アクティビティ②
8人以上の友達と話しましょう。

アクティビティ③
ペアをつくりましょう。
そして、スマートフォンの録音機能を利用して会話を各自録音して下さい。
内容を確認してベスト録音を教員にメールで送って下さい。

最後に、インドネシア語の会話を２人で和訳して下さい。

①

②

③

④

⑤

⑥

⑦

⑧

⑨

⑩

⑪

市場の前に並ぶバイク

12 BEROLAHRAGA スポーツをする

Latihan（練習）①

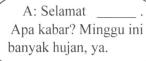

A: Selamat _____ .
Apa kabar? Minggu ini
banyak hujan, ya.

B:Selamat ___ .
_____ .

Latihan（練習）②

A: Apakah baru-baru
ini __B__ menonton
acara olahraga?

注：menonton
　　acara olahraga?
　　スポーツ番組を見る

B: Ya, ____ hari
yang lalu, saya
menonton acara
____ di televisi.
（スポーツ名）

Latihan（練習）③

A: Oh, begitu.
Hari ini, mari berbicara
tentang olahraga.

B: Oke! Saya
sangat suka
berolahraga!

50

Latihan（練習）④

A: Saya juga suka. Mengapa _B_ suka berolahraga?

B: Karena olahraga sangat baik untuk kesehatan.

Latihan（練習）⑤

A: Kalau begitu, mari berolahraga sama-sama tanggal ____ hari ____ .

B: Boleh. Berolahraga apa?

Latihan（練習）⑥

A: Bagaimana kalau kita _____ ?

B: Oke. Saya tidak keberatan. Di mana kita ____ ?

Latihan（練習）⑦

A: Mari kita _____ di _____ .

B: Baik. Dari jam berapa sampai jam berapa?

Latihan（練習）⑧

A: Dari sekitar jam ____ *(pagi/siang/sore)* sampai jam _____ . *(pagi/siang/sore)*

B: Boleh. Sesudah berolahraga, apa acaranya, ya?

Latihan（練習）⑨

A: Bagaimana kalau kita _____ di _____ ?

B: Setuju! Itu ide baik! Saya suka ____ .

Latihan (練習) ⑩

A: Bagus. Sampai
tanggal _____ hari _____ .
Jangan lupa, ya.

B: Jangan khawatir.
Sampai tanggal
_____ hari ___ .

アクティビティ①
下線部に入れる単語または表現を考えましょう。

アクティビティ②
8人以上の友達と話しましょう。

アクティビティ③
ペアをつくりましょう。
そして、スマートフォンの録音機能を利用して会話を各自録音して下さい。
内容を確認してベスト録音を教員にメールで送って下さい。

アクティビティ④
最後に、インドネシア語の会話を2人で和訳して下さい。

①

②

③

④

⑤

⑥

⑦

⑧

⑨

⑩

13 DI TOKO BATIK バティック店にて

A: PRAMUNIAGA 店員　B: PEMBELI 客

Latihan（練習）①

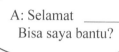 

A: Selamat ＿＿＿＿ .
Bisa saya bantu?

B:Terima kasih.
Saya mau
melihat-lihat dulu.

Latihan（練習）②

注：kain 布
　　lemari 戸棚

A: Silakan. Ada banyak
blus, kemeja, rok, dan kain
batik yang bagus.

B: Mm, boleh saya
lihat rok dan kemeja
batik di atas lemari itu.

Latihan（練習）③

注：model モデル
　　ukuran サイズ

A: Boleh. Itu rok dan
kemeja batik model baru.
Ukurannya berapa?

B: Biasanya, saya
memakai ukuran
＿＿＿＿＿＿ .

(L: besar, M: sedang, S: kecil)

Latihan（練習）④

A: Baik. Anda suka warna apa?

B: Saya suka warna ____ dan ____ .

Latihan（練習）⑤

A: Baik. Ini rok dan kemeja ukuran ____ warnanya ____ dan ____ . Silakan coba di kamar pas.

注：kamar pas. 試着室
　　pas ピッタリ

B: Terima kasih. Kemeja ini pas. Tapi, roknya terlalu kecil. Ada yang lebih besar?

Latihan（練習）⑥

A: Ya, ada. Tunggu sebentar. Silakan, ini rok ukuran ____ . Warnanya bagus. Silakan coba lagi.

（もう一度試着室に入る。）
B: Rok ini pas! Saya suka modelnya. Berapa harganya?

Latihan（練習）⑦

A: Ini batik tulis buatan ____ . Harga roknya ___ rupiah. Harga kemejanya ___ rupiah.

B: Wah, terlalu mahal. Boleh minta diskon?

Latihan（練習）⑧

A: Semuanya harga pas. Tapi, kalau beli lebih dari ___ helai, ada diskon ___persen.

注：diskon　割引き
　　persen　パーセント

B: Kalau begitu, saya beli ___ helai rok dan ___ helai kemeja. Bisa bayar dengan kartu kredit?

Latihan（練習）⑨

A:Ya, bisa. Harga roknya ____ rupiah. Harga kemejanya _____ rupiah. Jadi, semuanya _____ rupiah.

B: Baiklah. Ini kartu kredit saya. Minta kuitansinya, ya.

Latihan（練習）⑩

A: Baik. Ini kuitansi dan kartu kreditnya. Hari ini ada hadiah dari toko kami.

B: Terima kasih. Wah, sapu tangan ini sangat cantik!

Latihan（練習）⑪

A: Ini kartu nama toko kami. Silakan datang lagi.

B: Baik. Saya akan datang lagi. Sampai jumpa.

アクティビティ①

下線部に入れる単語または表現を考えましょう。

アクティビティ②

8人以上の友達と話しましょう。

アクティビティ③

ペアをつくりましょう。
そして、スマートフォンの録音機能を利用して会話を各自録音して下さい。
内容を確認してベスト録音を教員にメールで送って下さい。

アクティビティ④

最後に、インドネシア語の会話を２人で和訳して下さい。

①

②

③

④

⑤

⑥

⑦

⑧

⑨

⑩

⑪

ジョクジャカルタの市場

58

練習問題 1

1. kenen rango adnaleb uti kadit sabi carabiber sahaba pangje.

   ⇒ _____ .

   (そのオランダ人の祖母は日本語が話せません。)

2. mahru urab gangdape irad aidni uti kadit sarbe.

   ⇒ _____ .

   (インドから来たその商人の新しい家は大きくない。)

3. kida rempeanpu nayalen tiu kanbu tubanpem rango rapungasi iin.

   ⇒ _____ .

   (その漁師の妹はこのシンガポール人のお手伝いさんではない。)

4. dasepe rotom ruba ngaro dialanse ruba uti kadit harum.

   ⇒ _____ .

   (そのニュージーランド人の新しいオートバイは安くない。)

5. kana ikal-ikal aratnet uti nakub nawak kakka rempeanpu rango naci nii.

   ⇒ _____ .

   (その軍人の息子はこの中国人の姉の友人ではない。)

6. nakanemek puanperem silanruj irad grising uti dakti uam igrep ek kafria .

   ⇒ _____ .

   (そのイギリスから来たジャーナリストの姪はアフリカに行きたくない。)

7. sumak ruba asahab naci iin kadit laham, ipatet ngatsa sugab.

   ⇒ _____ .

   (この新しい中国語の辞典は高くないが、とても良い。)

8. sib lamma iin kadit tihenber id naped dungge ankeduta sarbe namrej uit.

   ⇒ _____ .

   (この夜行バスはそのドイツ大使館の建物の前では停車しない。)

9. kana rempeanpu ngaro nyolspa uti nabuk nayalep narotres halma iin.

   ⇒ _____ .

   (そのスペイン人の娘はこの高級レストランのウェイトレスではない。)

10. jiloar nganta gusba nii kanbu jiloar nganta banga rango thaimuang uit.

   ⇒ _____ .

   (この素晴らしい腕時計はそのタイ人の兄の腕時計ではない。)

練習問題 2

1. Saya（belas/bandara/malam/harus/pesawat/jam/dari/naik/udara/dua/Bali/pada）.

   ⇒＿＿＿＿＿＿＿＿＿＿＿＿＿＿＿＿＿＿＿＿＿＿＿＿＿＿＿＿＿＿＿.

   （バリ空港から夜12時に飛行機に乗らなくてはならない。）

2. Saya（tulis/bolpoin/Maret/bagus/di toko/membeli/pada/alat-alat/bulan）.

   ⇒＿＿＿＿＿＿＿＿＿＿＿＿＿＿＿＿＿＿＿＿＿＿＿＿＿＿＿＿＿＿＿.

   （3月に文房具店でいいボールペンを買います。）

3. Saya（itu/depan/sekelas/pagi/akan/dengan/di/bertemu/besok/bioskop/kawan）.

   ⇒＿＿＿＿＿＿＿＿＿＿＿＿＿＿＿＿＿＿＿＿＿＿＿＿＿＿＿＿＿＿＿.

   （明日の朝その映画館の前で同級生と会う予定です。）

4. Saya（ke pulau/empat/pernah/selama/hari/berkunjung/kecil/belas/itu/sudah）.

   ⇒＿＿＿＿＿＿＿＿＿＿＿＿＿＿＿＿＿＿＿＿＿＿＿＿＿＿＿＿＿＿＿.

   （その小さな島に14日間滞在したことがあります。）

5. Saya（Singapura/melalui/akan/akhir/pergi/Desember/ke Jepang/bulan/pada）.

   ⇒＿＿＿＿＿＿＿＿＿＿＿＿＿＿＿＿＿＿＿＿＿＿＿＿＿＿＿＿＿＿＿.

   （12月末にシンガポール経由で日本に行く予定です。）

6. Saya（laki-lakinya/ekor/kepada/ikan/adik/memberi/dua/kemarin/besar）.

   ⇒＿＿＿＿＿＿＿＿＿＿＿＿＿＿＿＿＿＿＿＿＿＿＿＿＿＿＿＿＿＿＿.

   （昨日彼の弟に2匹の大きな魚をあげました。）

7. Saya（goreng/minggu /di restoran/porsi/mi/dua/makan/hotel/yang lalu/itu）.

   ⇒＿＿＿＿＿＿＿＿＿＿＿＿＿＿＿＿＿＿＿＿＿＿＿＿＿＿＿＿＿＿＿.

   （先週そのホテルのレストランで2人前の焼きそばを食べました。）

8. Saya（jadi/banyak/uang/bisa/negeri/tidak/pergi/mempunyai/tidak/ke luar）.

   ⇒＿＿＿＿＿＿＿＿＿＿＿＿＿＿＿＿＿＿＿＿＿＿＿＿＿＿＿＿＿＿＿.

   （お金がたくさんないので、外国に行くことができません。）

9. Saya（bawah/sampai/tanah/bis/dari/sering/kota/naik/setasiun/sekolah/kereta）.

   ⇒＿＿＿＿＿＿＿＿＿＿＿＿＿＿＿＿＿＿＿＿＿＿＿＿＿＿＿＿＿＿＿.

   （しばしば学校から地下鉄の駅まで市バスに乗ります。）

10. Saya（di lapangan itu/pagi/kesehatan/setiap/untuk/hari/berolahraga/Minggu）.

    ⇒＿＿＿＿＿＿＿＿＿＿＿＿＿＿＿＿＿＿＿＿＿＿＿＿＿＿＿＿＿＿＿.

    （健康のために毎日曜日の朝そのグランドでスポーツをします。）

練習問題 3

1. Saya（pasar/ayam/di/dua/membeli/butir/kemarin/swalayan/puluh/telur）.

   ⇒_____.

   （昨日スーパーマーケットで鶏の卵を 20 個買いました。）

2. Saya（di/terkenal/ke/akan/berbagai/Sumatra/berkunjung/depan/tempat/tahun）.

   ⇒_____.

   （来年スマトラの様々な有名な場所を訪れるつもりです。）

3. Saya（uang yen/sebelum/di/bank/jalan/pergi/membeli/Jepang/mau/ke）.

   ⇒_____.

   （日本に行く前に銀行で円を買いたいです。）

4. Saya（sepak/itu/hujan/bermain/lapangan/mau/di/turun/karena/bola/tidak）.

   ⇒_____.

   （雨が降っているのでそのグランドでサッカーをしたくありません。）

5. Saya（rumah/uang/mau/kalau/membangun/di Bali/ada/banyak）.

   ⇒_____.

   （お金がたくさんあったらバリで家を建てたいです。）

6. Saya（untuk/sepeda/dari/setiap/naik/rumah/kantor/sampai/kesehatan/hari）.

   ⇒_____.

   （健康のために毎日家から会社まで自転車に乗ります。）

7. Saya（kabar/kemarin/mingguan/ toko buku/surat/membeli/dan/majalah/di）.

   ⇒_____.

   （昨日本屋で新聞と週刊誌を買いました。）

8. Saya（tulis ini/kartu/kemeja/dengan/sudah/batik/dua/kredit/helai/membayar）.

   ⇒_____.

   （この手書きのバティックのシャツ 2 枚の代金をすでにクレジットカードで支払いました。）

9. Saya（film laga/mau/di bioskop itu/hari/menonton/Rabu/Indonesia/pada）.

   ⇒_____.

   （水曜日にその映画館でインドネシアのアクション映画を見たいです。）

10. Saya（rokok kretek/kepada/tadi/dua/memberi/kakeknya/bungkus/pagi）.

    ⇒_____.

    （今朝彼の祖父にクルテックの煙草 2 箱をあげました。）

練習問題 4

1. uruj tawar rida napilipi tiu naka jakerbe id pangje pada lawa nuhat naped.

   ⇒ _____ .

   (そのフィリピンからの看護師は来年初めに日本で働く予定です。)

2. koseb eros atik igrep ek nalmiter sib uit pada lukup amil tawel patemperse.

   ⇒ _____ .

   (明日の午後5時15分に私たちはそのバスターミナルに行きます。)

3. gangdape kaya rida diain tui muleb asib racabiber sahaba pangje.

   ⇒ _____ .

   (そのインドから来たお金持ちの商人はまだ日本語が話せません。)

4. idat kana puanperem urug ayas kadit nakam kurej tapite munim het ngatha iut.

   ⇒ _____ .

   (さっき、私の先生の娘は蜜柑を食べませんでしたが、その温かいお茶を飲みました。)

5. tareke ipa uti katrangbe pada maj aud saleb lamma tapet rida nuisates nii.

   ⇒ _____ .

   (その列車は夜12時ちょうどにこの駅から出発します。)

6. kana kila-kila waigape rigene iut nakub nawak torkanse banga imak.

   ⇒ _____ .

   (その公務員の息子は私たちの兄の同僚ではありません。)

7. nyanacaren, nalub iem hunta pande matdiplo uit naka giper ek cisranpe.

   ⇒ _____ .

   (計画では、来年5月にその外交官はフランスに行く予定です。)

8. guming iin iretsi nad kana ikal-ikal retkod tiu sihma darabe id aerok natales.

   ⇒ _____ .

   (今週はその医者の妻と息子はまだ韓国にいます。)

9. kareme muteber id pande okot tupase nii pada maj mane rangku amil tinem .

   ⇒ _____ .

   (彼らはその靴屋の前で6時5分前に会います。)

10. rapa wisishama irad dalanbe uit naka giper ek nyolspa dapa nalub retma.

   ⇒ _____ .

   (そのオランダから来た女子学生は全員3月にスペインに行く予定です。)

練習問題 5

1. gangdape yaka uti hadus limembe hamur sarbe id kanglabe mahru tikas nii.

   ⇒＿＿＿＿＿＿＿＿＿　＿＿＿＿＿＿＿＿＿＿＿＿＿＿＿＿＿＿＿＿＿＿＿＿＿＿ .

   (そのお金持ちの商人はすでにこの病院の裏の大きな家を買いました。)

2. waigape rigene uti lulase kian adepes nunggu ek nyatorkan kutnu tanhaseke .

   ⇒＿＿＿＿＿＿＿＿＿＿＿＿＿＿＿＿＿＿＿＿＿＿＿＿＿＿＿＿＿＿＿＿＿＿＿＿ .

   (その公務員は健康のためにいつもマウンテンバイクに乗って会社に行きます。)

3. tasawimupra tiu dahsu yarbamem lantese saj ruba iin ngande utrak ditkre.

   ⇒＿＿＿＿＿＿＿＿＿＿＿＿＿＿＿＿＿＿＿＿＿＿＿＿＿＿＿＿＿＿＿＿＿＿＿＿ .

   (その観光ガイドはすでにクレジットカードでこの新しいスーツの代金を払いました。)

4. bui ganiamupra tui aum rimngime rangba kantace ek liba ngande sop tual .

   ⇒＿＿＿＿＿＿＿＿＿＿＿＿＿＿＿＿＿＿＿＿＿＿＿＿＿＿＿＿＿＿＿＿＿＿＿＿ .

   (その店員の母親は印刷物を船便でバリに送りたいと思っています。)

5. iretsi rugu tiu libemem doksen nad pugar id abresot lanbu ngay ulal.

   ⇒＿＿＿＿＿＿＿＿＿＿＿＿＿＿＿＿＿＿＿＿＿＿＿＿＿＿＿＿＿＿＿＿＿＿＿＿ .

   (その教師の妻は先月デパートでスプーンとフォークを買いました。)

6. kana puanrempe retdok uti lumbe nyaipumem tarus nizi dimungeme.

   ⇒＿＿＿＿＿＿＿＿＿＿＿＿＿＿＿＿＿＿＿＿＿＿＿＿＿＿＿＿＿＿＿＿＿＿＿＿ .

   (その医者の娘はまだ運転免許証を持っていません。)

7. lisnajur tui dahsu libemem silpen and kubu tantaca id koto tala-tala listu.

   ⇒＿＿＿＿＿＿＿＿＿＿＿＿＿＿＿＿＿＿＿＿＿＿＿＿＿＿＿＿＿＿＿＿＿＿＿＿ .

   (そのジャーナリストはすでにその文房具店で鉛筆とノートを買いました。)

8. tamolpid rida dalanbe tiu jungkunber ek gaibaber pattem lanekret id takarja.

   ⇒＿＿＿＿＿＿＿＿＿＿＿＿＿＿＿＿＿＿＿＿＿＿＿＿＿＿＿＿＿＿＿＿＿＿＿＿ .

   (そのオランダから来た外交官はジャカルタの様々な有名な場所を訪れます。)

9. haduses jakerbe, tiwayakar tui aum jalanbeber id sarpa yanlaswa.

   ⇒＿＿＿＿＿＿＿＿＿＿＿＿＿＿＿＿＿＿＿＿＿＿＿＿＿＿＿＿＿＿＿＿＿＿＿＿ .

   (その女性社員は仕事の後スーパーマーケットで買い物したいと思っています。)

10. lapake torkan tui ringse inmaber sinet id nganpala sinet kanglabe tertea.

   ⇒＿＿＿＿＿＿＿＿＿＿＿＿＿＿＿＿＿＿＿＿＿＿＿＿＿＿＿＿＿＿＿＿＿＿＿＿ .

   (その所長はよく劇場の裏のテニスコートでテニスをしています。)

14　DI BANK 銀行にて

Latihan（練習）① （di pintu masuk 入り口で）

A: Selamat _____ .
　　Bisa saya bantu?

B:Selamat ___ .
　Saya mau tukar uang.

Latihan（練習）② （di pintu masuk 入り口で）

注：nomor antreannya
　　順番待ちの番号
　　dipanggil　呼ばれる

A: Silakan. Ini nomor antreannya. Nanti akan dipanggil.

B: Terima kasih.

Latihan（練習）③ （di loket　窓口で）

A: Selamat _____ .
　　Bisa saya bantu?

B:Selamat ___ .
　Saya mau tukar uang.

Latihan（練習）④ (di loket　窓口で)

A: Silakan .
　Mau tukar uang apa?

B: Uang ＿＿＿ ke
　rupiah. Berapa
　kursnya hari ini?

注：kursnya 為替レート

Latihan（練習）⑤ (di loket　窓口で)

A: Kursnya satu ＿ sama
　dengan ＿ rupiah.
　Mau tukar berapa?

B: Saya mau tukar ＿ .

Latihan（練習）⑥ (di loket　窓口で)

A: Baik. Uangnya saya
　cek dulu, ya.

B: Silakan. Apakah
　saya bisa tukar cek
　jalan juga di sini?

注：cek jalan
　　トラベラーズチェック

Latihan（練習）⑦ (di loket　窓口で)

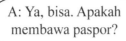 

A: Ya, bisa. Apakah membawa paspor?

B: Ya, ini paspor saya.

Latihan（練習）⑧ (di loket　窓口で)

A: Tolong tulis nama dan nomor paspor, lalu tanda tangan di formulir ini.

注：tanda tangan 署名
　　formulir 書式

B: Baik. Boleh saya minta uang yang kecil juga?

Latihan（練習）⑨ (di loket　窓口で)

A: Baik. Silakan duduk dan tunggu dulu, ya. Nanti saya panggil.

B: Terima kasih.

アクティビティ①
下線部に入れる単語または表現を考えましょう。

アクティビティ②
8人以上の友達と話しましょう。

アクティビティ③
ペアをつくりましょう。
そして、スマートフォンの録音機能を利用して会話を各自録音して下さい。
内容を確認してベスト録音を教員にメールで送って下さい。

アクティビティ④
最後に、インドネシア語の会話を2人で和訳して下さい。

①

②

③

④

⑤

⑥

⑦

⑧

⑨

ソロの古風なホテル

67

15 DI HOTEL ホテルにて

Latihan（練習）①

A: Selamat _____ .
　Bisa saya bantu?

B:Selamat ___ .
　Masih ada
　kamar kosong?

Latihan（練習）②

A: Ya, ada. Mau menginap
　berapa malam?

B: ____ malam.
　Berapa harganya
　satu malam?

Latihan（練習）③

注：bergantung
　　〜による

A: Harganya bergantung
　pada kamarnya.

B: Saya mau menginap
　di kamar paling murah.

Latihan（練習）④

A: Maaf, yang paling murah sudah penuh. Bagaimana kalau yang mahal?

B: Berapa harganya satu malam?

Latihan（練習）⑤

A: Harga kamar ini _____ rupiah. Tapi, pemandangan dari kamar ini sangat bagus.

B: Oh, ini terlalu mahal. Ada yang lebih murah?

Latihan（練習）⑥

A: Bagaimana kalau yang ini? Harganya _____ rupiah. Kamarnya luas.

B: Oh, begitu. Apa boleh buat. Baik, saya mau menginap di kamar itu.

Latihan（練習）⑦

A: Terima kasih. Tolong tulis nama, nomor HP, lalu tanda tangan di sini.

B: Baik. Oh, ya, bisa pakai Internet di dalam kamar?

注：tanda tangan
　　サイン

Latihan（練習）⑧

A: Bisa.
　Kata sandinya
　_____ .

B: Terima kasih.
　Kamarnya di lantai berapa?

注：kata sandi
　　パスワード
　　lantai 階、床

Latihan（練習）⑨

A: Kamarnya di lantai ____ .
　Makan paginya dari jam ____ di _____ .

B: Baik.

Latihan（練習）⑩

A: Ini kunci kamarnya.
Silakan pakai elevator itu.
Selamat beristirahat.

注：beristirahat 休憩する
　　→ ごゆっくり

B: Terima kasih.

アクティビティ①
下線部に入れる単語または表現を考えましょう。

アクティビティ②
8人以上の友達と話しましょう。

アクティビティ③
ペアをつくりましょう。
そして、スマートフォンの録音機能を利用して会話を各自録音して下さい。
内容を確認してベスト録音を教員にメールで送って下さい。

アクティビティ④
最後に、インドネシア語の会話を2人で和訳して下さい。

①

②

③

④

⑤

⑥

⑦

⑧

⑨

⑩

16 UNDANGAN KE PERNIKAHAN
結婚式への招待

Latihan（練習）①

Latihan（練習）②

Latihan（練習）③

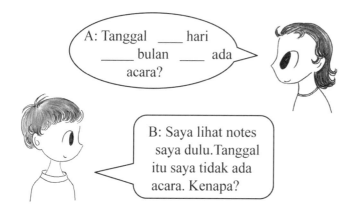

Latihan（練習）④

A: _____（家族）saya akan menikah. Apakah __B__ bisa datang?

B: Tentu saja bisa. Pesta pernikahannya akan diadakan di mana?

Latihan（練習）⑤

A: Pestanya akan diadakan di hotel_____, di _____（都市名）.

B: Baik. Jam berapa pesta pernikahannya mulai?

Latihan（練習）⑥

A: Pestanya akan mulai jam _____ .
(siang/malam)

B: Oh, begitu. Mm, sebaiknya saya memakai pakaian apa, ya.

Latihan（練習）⑦

A: Saya kira lebih baik memakai blus batik dan rok panjang warna _____.

B: Baik. Saya punya beberapa blus batik tulis buatan _____ .

（産地の地名）

Latihan（練習）⑧

A: Bagus. Tolong jangan datang terlambat, ya ?

B: Jangan khawatir. Oh, ya, berapa nomor telepon hotel itu?

Latihan（練習）⑨

A: Nomornya ___ .
Sampai tanggal ___ .
Saya tunggu di lobi.

B: Terima kasih. Sampai tanggal __.

下線部に入れる単語または表現を考えましょう。

8 人以上の友達と話しましょう。

ペアをつくりましょう。
そして、スマートフォンの録音機能を利用して会話を各自録音して下さい。
内容を確認してベスト録音を教員にメールで送って下さい。

最後に、インドネシア語の会話を2人で和訳して下さい。

①

②

③

④

⑤

⑥

⑦

⑧

⑨

ジャワの結婚式

17　DI RESTORAN レストランにて

Latihan（練習）①

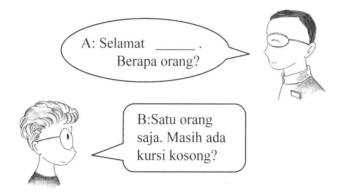

A: Selamat _____ .
　　Berapa orang?

B:Satu orang saja. Masih ada kursi kosong?

Latihan（練習）②

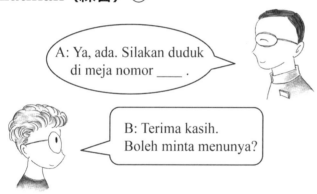

A: Ya, ada. Silakan duduk di meja nomor ____ .

B: Terima kasih. Boleh minta menunya?

Latihan（練習）③

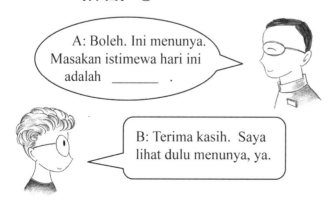

A: Boleh. Ini menunya. Masakan istimewa hari ini adalah _____ .

B: Terima kasih. Saya lihat dulu menunya, ya.

Latihan（練習）④

A: Silakan.（メニューを渡してしばらく待つ）Mau pesan apa?

B: Minta satu gelas jus _____ . Satu porsi sate _____ , dan satu porsi _____ goreng.

Latihan（練習）⑤

A: Baik. Mau pesan makanan penutup sekarang?

注：makanan penutup
　　デザート

B: Tidak. Nanti saja.

Latihan（練習）⑥

A: Baiklah. Silakan tunggu sebentar.

B: Terima kasih.

Latihan（練習）⑦

A: Ini pesanannya. Jus _____ . Sate _____ , dan satu porsi _____ goreng.

B: Terima kasih.

Latihan（練習）⑧

A: Di sini makanan penutupnya sangat enak. Ada _____ , _____ , dan _____ .

B: Kalau begitu, saya pesan ___dan _____ .

Latihan（練習）⑨

A: Baik. Mau pesan masakan lain?

B: Tidak. Oh, ya, apakah saya bisa bayar dengan kartu kredit?

Latihan（練習）⑩

A: Ya, bisa. Nanti tolong bayar di tempat kasir, ya. Selamat makan.

B: Terima kasih.

アクティビティ①
下線部に入れる単語または表現を考えましょう。

アクティビティ②
8人以上の友達と話しましょう。

アクティビティ③
ペアをつくりましょう。
そして、スマートフォンの録音機能を利用して会話を各自録音して下さい。
内容を確認してベスト録音を教員にメールで送って下さい。

アクティビティ④
最後に、インドネシア語の会話を2人で和訳して下さい。

①

②

③

④

⑤

⑥

⑦

⑧

⑨

⑩

18 KE PASAR PAGI 朝市に行く

Latihan（練習）①

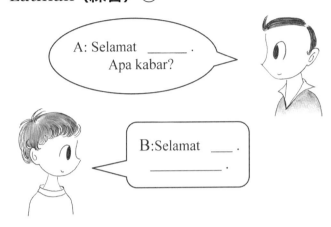

A: Selamat _____ .
　　Apa kabar?

B:Selamat ___ .
　_____ .

Latihan（練習）②

A: Hari _____, tanggal
　_____ <u>B</u> ada acara?

B: Hari ___ , tanggal
　____ saya tidak ada
acara. Mengapa?

注：menonton
　acara olahraga?
　スポーツ番組を見る

Latihan（練習）③

A:Mari kita berbelanja
　ke pasar pagi
　sama-sama.

B:Wah, itu ide baik!
　Saya suka pasar pagi.
　Ke mana kita berbelanja?

Latihan（練習）④

A:Mari kita berbelanja ke _____（朝市名）. Di sana ada banyak sayur segar dan buah segar.

B: Wah, saya suka sayur dan buah! Dengan apa kita pergi ke sana?

Latihan（練習）⑤

A:Mari kita naik _____ dan _____ .

B: Boleh. Jam berapa berangkat?

Latihan（練習）⑥

A: Mari kita berangkat jam __ supaya bisa membeli banyak sayur dan buah.

B: Baik . Saya setuju. Oh,ya, __A__ mau membeli apa di sana?

Latihan（練習）⑦

A: Saya mau membeli ①____ , ② ____ dan ③ ____ .

B: Oh, begitu. Saya mau membeli ① _____ , ② _____ dan, ③ _____ .

Latihan（練習）⑧

A: Berapa jam _B_ mau berbelanja di sana?

B: Kira-kira ___ jam karena saya suka berbelanja.

Latihan（練習）⑨

A: Oh, begitu. Sesudah berbelanja, apa acaranya, ya?

B: Bagaimana kalau kita _____ di _____ ?

Latihan（練習）⑩

A: Wah, itu ide baik!
Setuju! Sampai hari _____,
tanggal _____ .

B: Sampai
hari _____,
tanggal _____ .

アクティビティ①
下線部に入れる単語または表現を考えましょう。

アクティビティ②
8人以上の友達と話しましょう。

アクティビティ③
ペアをつくりましょう。
そして、スマートフォンの録音機能を利用して会話を各自録音して下さい。
内容を確認してベスト録音を教員にメールで送って下さい。

アクティビティ④
最後に、インドネシア語の会話を2人で和訳して下さい。

①

②

③

④

⑤

⑥

⑦

⑧

⑨

⑩

15 DI LOKET STASIUN 駅の窓口にて

A: WISATAWAN 旅行者　B: STAF STASIUN 駅の係員

Latihan（練習）①

A: Selamat _____ .
Saya mau beli tiket
kereta eksekutif.

B: Mau ke mana?

注：tiket kereta eksekutif
　　特急券

Latihan（練習）②

A: Saya mau ke
_____ hari ini.

B: Mau naik kereta
apa?

Latihan（練習）③

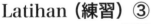

A: Saya mau naik
kereta _____ .
Masih ada tempat?

B: Kereta _____ sudah
penuh. Kalau kereta
_____ , masih ada
tempatnya.

Latihan（練習）④

A: Jam berapa kereta
_____ berangkat?

B: Berangkatnya
jam _____ .
Bagaimana?

Latihan（練習）⑤

A: Baik. Kalau begitu,
saya minta tiket
kereta _____ .

B: Untuk berapa
orang?

Latihan（練習）⑥

A: Untuk ____ orang.

B: Boleh lihat
tanda pengenalnya?

注：tanda pengenal
身分証明書

Latihan（練習）⑦

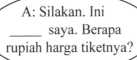

A: Silakan. Ini _____ saya. Berapa rupiah harga tiketnya?

B: Tunggu sebentar, ya. Harga tiketnya _____ rupiah.

Latihan（練習）⑧

A: Baik. Ini uangnya, _____ rupiah.

B: Terima kasih. Ini tiket dan kembaliannya.

Latihan（練習）⑨

A: Terima kasih.

B: Sama-sama. Selamat jalan, ya.

アクティビティ①

下線部に入れる単語または表現を考えましょう。

アクティビティ②

8人以上の友達と話しましょう。

アクティビティ③

ペアをつくりましょう。
そして、スマートフォンの録音機能を利用して会話を各自録音して下さい。
内容を確認してベスト録音を教員にメールで送って下さい。

アクティビティ④

最後に、インドネシア語の会話を2人で和訳して下さい。

①

②

③

④

⑤

⑥

⑦

⑧

⑨

20世紀末のジョクジャカルタ駅

20 DI RUMAH SAKIT 病院にて

A：DOKTER 医者　　B：PASIEN 患者

Latihan（練習）①

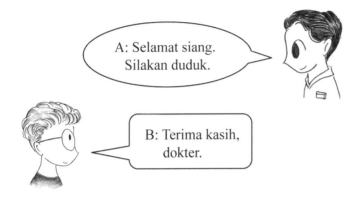

A: Selamat siang.
Silakan duduk.

B: Terima kasih,
dokter.

Latihan（練習）②

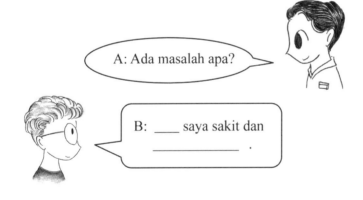

注：masalah　問題

ヒント：鼻水が出る：
Ingus keluar.
下痢をしている：
diare

A: Ada masalah apa?

B: ＿＿ saya sakit dan
＿＿＿＿＿＿ .

Latihan（練習）③

A: Sudah berapa hari?

B: Sudah ＿＿ hari.

Latihan（練習）④

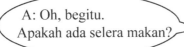

A: Oh, begitu.
Apakah ada selera makan?

注：selera makan 食欲

B: Tidak ada.
Sudah ___ hari
saya tidak makan.
Saya minum jus saja.

Latihan（練習）⑤

A: Sekarang ada demam?

注：demam　熱がある
Suhu badan saya
___ derajat　体温は
〜度です

B: Ya, ada. Suhu badan
saya ___ derajat.

Latihan（練習）⑥

A: Mm, saya kira
Anda kena ____ .

ヒント：ひどい風邪：flu
下痢：diare

B: Apakah saya
harus minum obat?

Latihan（練習）⑦

A: Ya, tentu saja. Anda harus minum obat selama ___ hari.

B: Oh, begitu. Di mana saya membelinya?

Latihan（練習）⑧

A: Di apotek dekat sini. Ini resepnya.

B:Baik, terima kasih.

注：apotek　薬局
　　resep：処方

Latihan（練習）⑨

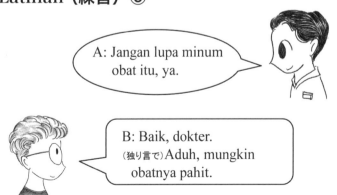

A: Jangan lupa minum obat itu, ya.

B: Baik, dokter.
(独り言で)Aduh, mungkin obatnya pahit.

注：pahit：苦い

Latihan（練習）⑩

A: Obatnya tidak begitu pahit. Semoga cepat sembuh, ya.

注：sembuh　治癒する

B:Terima kasih, dokter.

アクティビティ①
下線部に入れる単語または表現を考えましょう。

アクティビティ②
8人以上の友達と話しましょう。

アクティビティ③
ペアをつくりましょう。
そして、スマートフォンの録音機能を利用して会話を各自録音して下さい。
内容を確認してベスト録音を教員にメールで送って下さい。

アクティビティ④
最後に、インドネシア語の会話を2人で和訳して下さい。

①

②

③

④

⑤

⑥

⑦

⑧

⑨

⑩

21　PESAN TEMPAT DI RESTORAN
レストランで予約をする

Latihan（練習）①

A: Selamat _____ .
　 Bisa dibantu?

B:Terima kasih.
　 Saya mau pesan tempat.

Latihan（練習）②

A: Ya, silakan.
　 Untuk kapan?

B: Hari ___ , tanggal
　 ___ bulan ____ .
　　Masih ada tempat?

Latihan（練習）③

A: Ya, masih ada.
　 Dari jam berapa?

B: Dari jam ___ sampai
　　jam ____ .

Latihan（練習）④

A: Ya, bisa.
Untuk berapa orang?

B: Untuk ___ orang.

Latihan（練習）⑤

A: Baik.
Atas nama siapa, ya?

B: Atas nama _____ .

Latihan（練習）⑥

A: Baik. Mau tempat
duduk di sebelah mana?

注：tempat duduk 座席

B: Kalau bisa, tempat
duduknya di _____ .

93

Latihan（練習）⑦

A: Ya, bisa.
Kami punya banyak masakan enak. Mau pesan masakan apa?

B: Saya mau pesan _____ .
Berapa biaya untuk satu orang?

注：biaya 費用

Latihan（練習）⑧

A: Biayanya, per orang ____ rupiah. Biaya ini termasuk pajak.

注：termasuk pajak
　　税込みで
Saya setuju. 同意する
＝それで結構です。

B: Baik.
Saya setuju.

Latihan（練習）⑨

A: Terima kasih.
Pesan tempatnya sudah saya catat.

注：catat 登録する

B: Terima kasih, ya.

Latihan（練習）⑩

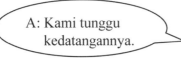

A: Kami tunggu kedatangannya.

注：kedatangannya　ご来店

B: Sampai tanggal ___ bulan ___ .

アクティビティ①
下線部に入れる単語または表現を考えましょう。

アクティビティ②
8人以上の友達と話しましょう。

アクティビティ③
ペアをつくりましょう。
そして、スマートフォンの録音機能を利用して会話を各自録音して下さい。
内容を確認してベスト録音を教員にメールで送って下さい。

アクティビティ④
最後に、インドネシア語の会話を2人で和訳して下さい。

①

②

③

④

⑤

⑥

⑦

⑧

⑨

⑩

22 ALAT-ALAT MAKAN 食器

Latihan（練習）①

A: Selamat ___ .
Apa kabar? Hari ini
pakaian _B_ bagus.
Membeli di mana?

B: Terima kasih.
Saya membelinya
di ___ . Ini murah
hanya ____ rupiah.

Latihan（練習）②

A: Oh, begitu.
Omong-omong, apakah
_B_ suka memasak?

B:Ya, saya
suka memasak.
Bagaimana
dengan _A_ ?

Latihan（練習）③

A: Saya juga suka
memasak. Kalau ada waktu,
memasak apa?

B: Saya sering
memasak masakan
____ . Bagaimana
dengan _A_ ?

Latihan（練習）④

A: Saya memasak masakan ＿＿. Sejak kapan B belajar memasak?

B: Saya belajar memasak dari umur ＿ tahun.

Latihan（練習）⑤

A: Wah, bagus! Oh, ya, tanggal ＿ hari ＿ mari kita ke toserba untuk membeli alat-alat makan.

B: Wah, itu ide baik! Saya suka alat-alat makan baru. Di mana kita membelinya?

Latihan（練習）⑥

A: Mari kita membelinya di ＿＿＿＿. Di sana ada banyak alat-alat makan bagus dan murah.

B: Boleh. A mau membeli apa di sana?

Latihan（練習）⑦

A:Saya mau membeli ①_____ dan ② ___ buatan _____ .
（国の名前）

B: Oh, begitu. Saya mau membeli ① ___dan ② ___ buatan _____（国の名前）.

ヒント
cobek：スパイスをすりつぶすための石鉢
ulek：cobek と一緒に使う石製のすりこぎ

Latihan（練習）⑧

A: Oh, begitu. Sesudah membeli alat-alat makan, apa acaranya, ya?

B: Bagaimana kalau kita _____ di _____ ?

Latihan（練習）⑨

A: Wah, itu ide baik! Setuju! Sampai jumpa pada hari __tanggal __ .

B: Sampai jumpa hari __tanggal __ .

アクティビティ①

下線部に入れる単語または表現を考えましょう。

アクティビティ②

8人以上の友達と話しましょう。

アクティビティ③

ペアをつくりましょう。

そして、スマートフォンの録音機能を利用して会話を各自録音して下さい。

内容を確認してベスト録音を教員にメールで送って下さい。

アクティビティ④

最後に、インドネシア語の会話を2人で和訳して下さい。

①

②

③

④

⑤

⑥

⑦

⑧

⑨

バリの市場の朝

23 MENYEWA KAMAR KOS
アパートを借りる

Latihan（練習）①

A: Selamat _____ .
Bisa saya bantu?

B:Saya mau menyewa kamar kos wanita yang nyaman.

注：nyaman　快適な

Latihan（練習）②

A: Silakan.
Ada banyak kos baru dan nyaman!（写真を見せる）

B: Lokasinya di mana, ya?

注：lokasi ロケーション

Latihan（練習）③

A: Lokasinya di
_____（地名）.

B: Apakah ada setasiun kereta listrik di dekat kos itu?

Latihan（練習）④

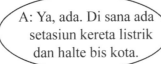

A: Ya, ada. Di sana ada setasiun kereta listrik dan halte bis kota.

B:Oh, begitu. Di sana ada fasilitas umum apa saja?

注：fasilitas umum
　　公共施設

Latihan（練習）⑤

A:　Fasilitas umumnya
　　①____,　②____,
　　③____,　dan　④____.

ヒント：体育館
　　　　gedung olahraga
　　　　市役所 balai kota

B: Wah, bagus! Ada kamar mandi di dalam?

Latihan（練習）⑥

A:Ya, ada. Ada
____,　____ dan
____ juga.（アパートの設備）

ヒント：衣装戸棚
　　　　lemari pakaian

B: Wah, bagus! Saya suka kos itu. Berapa sewanya sebulan?

注：sewa：家賃

101

Latihan（練習）⑦

A: Sewanya _____ rupiah sebulan. Ini cukup murah karena masih baru dan lokasinya bagus.

B: Wah, saya tidak punya banyak uang. Apakah ada diskon?

Latihan（練習）⑧

A: Ya, ada. Kalau Anda bayar sewanya _____ bulan di muka, diskonnya ___ persen. Jadi, sewanya ____ rupiah.

B: Oh, begitu. Saya akan pikir dulu dan berbicara dengan keluarga.

Latihan（練習）⑨

A: Baik, silakan berbicara dengan keluarga. Ini kartu nama saya.

B: Terima kasih. Kapan-kapan, saya menelepon Anda.

Latihan（練習）⑩

A: Terima kasih.
Silakan datang lagi.

B: Baik. Saya
akan datang lagi
dengan keluarga.

アクティビティ①

下線部に入れる単語または表現を考えましょう。

アクティビティ②

8人以上の友達と話しましょう。

アクティビティ③

ペアをつくりましょう。
そして、スマートフォンの録音機能を利用して会話を各自録音して下さい。
内容を確認してベスト録音を教員にメールで送って下さい。

アクティビティ④

最後に、インドネシア語の会話を2人で和訳して下さい。

①

②

③

④

⑤

⑥

⑦

⑧

⑨

⑩

24 PESTA パーティー

Latihan (練習) ①

A: Selamat ___ .
Apa kabar?

B:Selamat ___ .
_____ .
_____ .

Latihan (練習) ②

A:Oh, begitu.
Omong-omong, tanggal
____ malam ada acara?

B: Tanggal ____ malam
saya belum ada acara.
Mengapa?

Latihan (練習) ③

A: Kalau begitu.
mari kita mengadakan
pesta sama- sama.

B: Boleh.
Pestanya di mana?

Latihan（練習）④

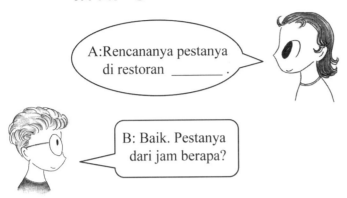

A: Rencananya pestanya di restoran _____ .

B: Baik. Pestanya dari jam berapa?

Latihan（練習）⑤

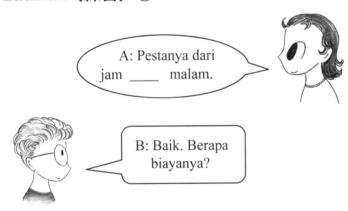

A: Pestanya dari jam ____ malam.

B: Baik. Berapa biayanya?

Latihan（練習）⑥

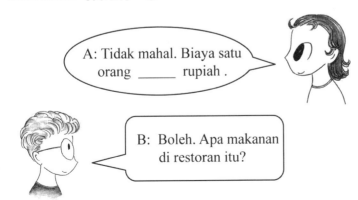

A: Tidak mahal. Biaya satu orang ____ rupiah .

B: Boleh. Apa makanan di restoran itu?

Latihan（練習）⑦

A: Ada masakan _____ dan _____ di restoran itu. Semua enak.

B: Bagus. Berapa orang akan datang ke pesta itu?

Latihan（練習）⑧

A: Saya sudah mengundang banyak teman. Yang datang kira-kira _____ orang.

B: Wah, banyak! Pestanya kira-kira berapa jam?

Latihan（練習）⑨

A: Pestanya kira-kira _____ jam.

B: Oh, begitu. Apa saja acara di pesta itu?

Latihan（練習）⑩

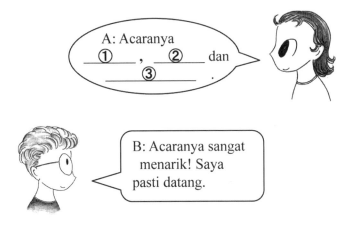

A: Acaranya
____①____ , ____②____ dan
____③____ .

B: Acaranya sangat menarik! Saya pasti datang.

Latihan（練習）⑪

A: Terima kasih.
Sampai ___ .

B: Sama-sama.
Sampai ____ .

アクティビティ①

下線部に入れる単語または表現を考えましょう。

アクティビティ②

8人以上の友達と話しましょう。

アクティビティ③

ペアをつくりましょう。
そして、スマートフォンの録音機能を利用して会話を各自録音して下さい。
内容を確認してベスト録音を教員にメールで送って下さい。

最後に、インドネシア語の会話を2人で和訳して下さい。

①

②

③

④

⑤

⑥

⑦

⑧

⑨

⑩

⑪

クロンチョンを演奏するバンドマンたち

25 LIBURAN SEKOLAH 休暇

Latihan（練習）①

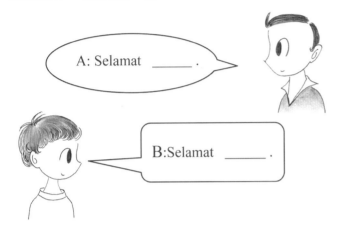

A: Selamat _____ .

B:Selamat _____ .

Latihan（練習）②

A: Apa kabar?
Saya senang bertemu
lagi dengan __B__ .

B:Kabar baik.
Saya juga senang
bertemu lagi
dengan __A__ .

Latihan（練習）③

A: Hari ini pakaiannya
bagus.

B:Terima kasih.
Saya membelinya
di ____ .

Latihan（練習）④

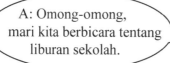

A: Omong-omong, mari kita berbicara tentang liburan sekolah.

B: Wah, itu ide baik. Selama liburan, saya sangat sibuk.

Latihan（練習）⑤

A: Oh, begitu. Liburan sekolah __B__ pergi ke mana?

B: Saya pergi ke _____ dan ke _____ .

Latihan（練習）⑥

A: Dengan siapa pergi ke_____ ?

B: Saya pergi ke _____ dengan _____.

注：1人で出かけた場合は
Saya pergi ke 〜 sendiri.

Latihan（練習）⑦

A:Naik apa ke _____?

B: Saya naik_____ .

Latihan（練習）⑧

A:Berapa jam dari rumah _B_ sampai ___ ?

B: Kira-kira ___ jam (menit).

Latihan（練習）⑨

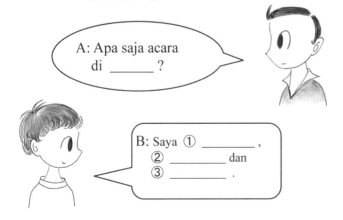

A: Apa saja acara di _____ ?

B: Saya ① _____ ,
② _____ dan
③ _____ .

Latihan（練習）⑩

A: Oh, begitu.
Omong-omong, berapa biaya liburannya?

B: Tidak mahal.
Kira-kira _____ rupiah.
Silakan pergi ke
___ juga.

Latihan（練習）⑪

A: Baik. Kapan-kapan,
saya akan pergi ke ___ .
Terima kasih atas ceritanya.
Sampai _____.

B: Sama-sama.
Sampai _____ .

アクティビティ①
下線部に入れる単語または表現を考えましょう。

アクティビティ②
8人以上の友達と話しましょう。

アクティビティ③
ペアをつくりましょう。
そして、スマートフォンの録音機能を利用して会話を各自録音して下さい。
内容を確認してベスト録音を教員にメールで送って下さい。

最後に、インドネシア語の会話を2人で和訳して下さい。

①

②

③

④

⑤

⑥

⑦

⑧

⑨

⑩

⑪

早朝のバリ島サヌールビーチ

26 MENONTON FILM 映画を見る

Latihan（練習）①

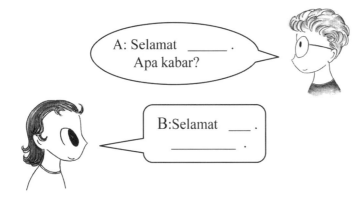

A: Selamat _____ .
　Apa kabar?

B:Selamat ___ .
_____ .

Latihan（練習）②

A:Omong-omong,
hari ___ tanggal ___ ada
acara?

B: Hari ___ tanggal
___ saya belum
ada acara. Mengapa?

Latihan（練習）③

A: Kalau begitu.
mari kita menonton
film sama- sama.

B: Boleh. Saya
suka menonton film.

Latihan（練習）④

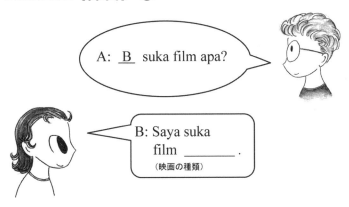

A: B suka film apa?

B: Saya suka
   film _____ .
   （映画の種類）

Latihan（練習）⑤

A: Kalau begitu,
mari kita menonton film
di bioskop _____ .
（映画館の名前）

B: Baik. Apa judul
   filmnya?

注：judul filmnya
　　映画のタイトル

Latihan（練習）⑥

A: Judul filmnya
   _____ .

B: Siapa
   bintang filmnya?

注：bintang filmnya
　　映画スター

Latihan（練習）⑦

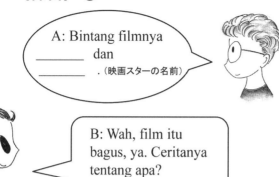

A: Bintang filmnya
_____ dan
_____ .（映画スターの名前）

B: Wah, film itu bagus, ya. Ceritanya tentang apa?

Latihan（練習）⑧

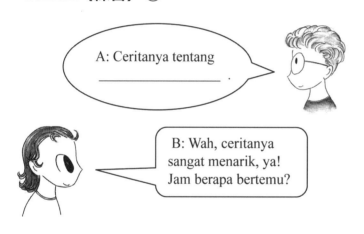

A: Ceritanya tentang
_____ .

B: Wah, ceritanya sangat menarik, ya! Jam berapa bertemu?

Latihan（練習）⑨

A: Mari bertemu
jam ____ di
depan _____ .

B: Baik! Saya sudah tahu tempat itu.

Latihan（練習）⑩

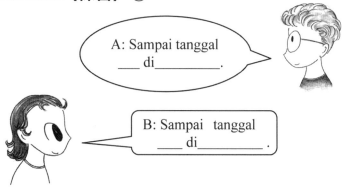

A: Sampai tanggal ___ di_____.

B: Sampai tanggal ___ di_____.

アクティビティ①
下線部に入れる単語または表現を考えましょう。

アクティビティ②
8人以上の友達と話しましょう。

アクティビティ③
ペアをつくりましょう。
そして、スマートフォンの録音機能を利用して会話を各自録音して下さい。
内容を確認してベスト録音を教員にメールで送って下さい。

アクティビティ④
最後に、インドネシア語の会話を2人で和訳して下さい。

①

②

③

④

⑤

⑥

⑦

⑧

⑨

⑩

Latihan Bahasa Indonesia 6 (インドネシア語練習問題6)

Keluarga Santi

Santi orang Indonesia. Ayah Santi bekerja sebagai karuyawan Bank Negara Indonesia cabang Tokyo. Ibu Santi tidak bekerja. Dia ibu rumah tangga. Santi lahir di Tokyo. Santi dan orang tuanya tinggal di apartemen. Ayah Santi pergi ke kantor dari hari Sunin sampai hari Jumat. Kantornya jauh dari apartemen. Dia pergi ke kantor dengan bis dan kureta bawah tanah. Dia berangkat pada pukul 07.30 dan tiba di kantor sukitar pukul 08.40. Santi pergi ke SD setiap hari. Santi berjaran kaki ke sekolah karena sekolahnya dekat dari rumah. Empat kali seminggu, ibu Santi pergi pasaru suwalayan untuk berbelanja. Dia pergi ke sana dengan sepeda. Santi tinggal di Tokyo selama dua beras tahun, jadi dia bisa berbicara bahasa Jepang.

Kemudian, mereka pindah ke Singapura karena ayah Santi harus bekerja di Bank Negara Indonesia cabang Singapura. Mereka tinggal di Singapura selama unam tahun. Santi belajar di SMP dan SMA di Singapura, jadi dia bisa berbicara bahasa Inggris juga. Tahun ini, keluarga Santi purang ke Indonesia. Ayah Santi akan bekerja di Jakarta. Santi mau masuk fakultas ekonomi di universitas negeri di Indonesia.

練習1：つづりが間違っている単語を見つけて訂正し、その単語の意味も書きなさい。

1. _____ → _____ (　　　　　　　　　)

2. _____ → _____ (　　　　　　　　　)

3. _____ → _____ (　　　　　　　　　)

4. _____ → _____ (　　　　　　　　　)

5. _____ → _____ (　　　　　　　　　)

6. _____ → _____ (　　　　　　　　　)

7. _____ → _____ (　　　　　　　　　)

8. _____ → _____ (　　　　　　　　　)

9. _____ → _____ (　　　　　　　　　)

10. _____ → _____ (　　　　　　　　　)

練習２：文章の内容に即して、以下の設問に完全なインドネシア語の文で答えなさい。

1. Setiap minggu berapa hari ayah Santi bekerja?

   _____.

2. Berapa menit dari apartemen ayah Santi ke kantornya?

   _____.

3. Mengapa Santi tidak pergi ke sekolah dengan kendaraan?

   _____.

4. Untuk apa ibu Santi pergi ke pasar swalayan?

   _____.

5. Berapa tahun Santi tinggal di luar negeri?

   _____.

6. Santi bisa berbicara berapa bahasa?

   _____.

練習３：次の文をインドネシア語で表現しなさい。

1. 私の名前は一郎です。大学２回生です。

   _____. _____.

2. 京都出身です。_____.

3. 趣味は映画鑑賞です。_____.

4. 今は、京都のインドネシア料理のレストランでアルバイトをしています。

   _____.

5. 来年の夏休みにバンドゥンとジョクジャカルタに行きたいです。

   _____.

練習４：練習３を参考にしてあなた自身のことをインドネシア語で書きなさい。

1._____.

2._____.

3._____.

4._____.

5._____.

Latihan Bahasa Indonesia 7 (インドネシア語練習問題 7)

Keluarga Bapak Hartono

Bapak Hartono berumur 45 tahun. Dia bekerja sebagai karyawan perusahaan arat-arat tulis di Jakarta. Dia berasal dari Yogyakarta. Tujuh belas tahun yang lalu dia munikah dengan Yuliati. Dia berasal dari Jakarta. Sekarang usianya 41 tahun. Sari, anak mereka sekarang berusia 16 tahun.

Kantor Bapak Hartono tidak bugitu jauh dari rumah. Dia pergi ke kantor dengan bus kota. Kadang-kadang, dia pakai sepeda motor kalau tidak hujan. Kantornya libur pada hari Sabtu dan Minggu. Biasanya, Bapak Hartono bekerja sampai pukul 17.00. Kadang-kadang, dia harus bekerja rembur di kantor sampai pukul 19.00. Hobi Bapak Hartono berkubun.

Yuliati bekerja sebagai guru bahasa Inggris. Dia mengajar di SMP Negeri 1 dan kursus bahasa asing. Dia mengajar di sekolah pada hari Sulasa, Kamis, dan Jumat. Dia mengajar di kursus pada hari Senin dan Rabu. Tempat SMP 1 dukat dari rumah tetapi tempat kursus bahasa asing jauh. Yuliati pergi ke sekolah dengan sepeda dan pergi ke kursus dengan bus.

Sari belajar di SMA Negeri 2. Dia murid rajing. Dia belum pernah membolos. Sari pergi ke sekolah dari hari Senin sampai hari Sabtu dengan sepeda. Sari baik hati dan lamah, jadi dia mempunyai banyak kawan di sekolah.

練習 1：つづりが間違っている単語を見つけて訂正し、その単語の意味も書きなさい。

1. _____ → _____ ( )
2. _____ → _____ ( )
3. _____ → _____ ( )
4. _____ → _____ ( )
5. _____ → _____ ( )
6. _____ → _____ ( )
7. _____ → _____ ( )
8. _____ → _____ ( )
9. _____ → _____ ( )
10. _____ → _____ ( )

練習2：文章の内容に即して、以下の設問に完全なインドネシア語の文で答えなさい。

1. Ketika menikah, berapa tahun umur Bapak Hartono?

   _____.

2. Dia bekerja di perusahaan apa?

   _____.

3. Berapa jam kadang-kadang dia harus bekerja lembur?

   _____.

4. Seminggu berapa hari Yuliati mengajar di sekolah?

   _____.

5. Dengan apa dia pergi ke kursus bahasa asing?

   _____.

6. Bagaimana sifat anak perempuan Bapak Hartono?

   _____.

練習3：次の文をインドネシア語で表現しなさい。

1. 私の名前はリニです。大学3回生です。

   _____. _____.

2. 父は公務員です。_____.

3. 母はインドネシア大学の講師です。_____.

4. 私は週4回市バスで大学に行きます。

   _____.

5. 大学まで40分かかります。_____.

練習4：練習3を参考にしてあなた自身のことをインドネシア語で書きなさい。

1._____.
2._____.
3._____.
4._____.
5._____.

Latihan Bahasa Indonesia 8 （インドネシア語練習問題 8）

Keluarga Ibu Sunarti

Ibu Sunarti berumur 50 tahun. Dia adalah kupara sekolah SD Negeri 1. Sekarang suwaminya sedang bekerja di luar negeri. Ibu Sunarti selalu bangun pagi-pagi. Lalu, dia membangunkan anak-anaknya. Di dapuru, pembantunya memasak untuk sarapan. Ibu Sunarti segera mandi. Kemudian, mereka makan bersama-sama. Biasanya, mereka makan nasi goreng atau mi goreng dan minum teh manis. Setelah sarapan, Ibu Sunarti membaca korang sambil minum kopi.

Pada pukul enam lewat tiga puluh menit, dia berangkat ke sekolah dengan supeda motor dan sampai di sana pada pukul tujuh kurang sepurempat. Sekolah mulai dari jam tujuh pagi. Di sekolah Ibu Sunarti selalu sibuk. Biasanya, dia bekerja sampai pukul lima sore.

Ibu Sunarti pulang ke rumah sukitar pukul lima lewat dua puluh lima menit. Sesudah berganti pakaian, dia makan kue manis dan minum teh tawal. Dia dan anak-anaknya makan malam pada pukul tujuh. Sesudah makan, dari pukul delapan sampai pukul sembilan, Ibu Sunarti membaca buku atau nobel dan anak-anaknya belajar. Setiap malam, Ibu Sunarti tidur pukul sepuluh.

Pada hari Minggu, Ibu Sunarti memasak untuk keluarganya karena pembantunya pulang ke rumah orang tua. Ibu Sunarti pandai memasak masakan Indonesia. Sesudah makan siang, dia dan anak-anaknya berjalan-jalan ke toserba atau menontong film di bioskop.

練習 1 ：つづりが間違っている単語を見つけて訂正し、その単語の意味も書きなさい。

1. _____ → _____ (   )
2. _____ → _____ (   )
3. _____ → _____ (   )
4. _____ → _____ (   )
5. _____ → _____ (   )
6. _____ → _____ (   )
7. _____ → _____ (   )
8. _____ → _____ (   )
9. _____ → _____ (   )
10. _____ → _____ (   )

練習２：文章の内容に即して、以下の設問に完全なインドネシア語の文で答えなさい。

1. Siapa memasak setiap pagi di rumah Ibu Sunarti?

   _____.

2. Mengapa Ibu Sunarti memasak pada hari Minggu?

   _____.

3. Berapa jam Ibu Sunarti bekerja di sekolah?

   _____.

4. Berapa menit dari rumahnya sampai sekolah?

   _____.

5. Sesudah makan malam, dia melakukan apa?

   _____.

6. Pada hari Minggu, dia pergi ke mana?

   _____.

練習３：次の文をインドネシア語で表現しなさい。

1. 私の名前はリマです。大学４回生です。

   _____. _____.

2. 毎日、６時に起きます。 _____.

3. 毎朝、パンとバナナを食べます。 _____.

4. いつも８時に大学へ行きます。 _____.

5. 将来歯医者になりたいです。 _____.

練習４：練習３を参考にしてあなた自身のことをインドネシア語で書きなさい。

1. _____.

2. _____.

3. _____.

4. _____.

5. _____.

Latihan Bahasa Indonesia 9 (インドネシア語練習問題9)

Kegiatan Lina

Lina tinggal di Jakarta. Dia karuyawati sebuah perusahaan putungan. Dia bisa berbicara bahasa Jepang karena sudah dua tahun belajar bahasa Jepang di kursus bahasa Jepang.

Hari ini hari Minggu, Lina pergi ke pusat perbelanjaan. Dia mau membeli kamus besar bahasa Jepang-Indonesia di toko buku. Dia pergi ke sana dengan bus kota. Di pusat perbelanjaan itu, ada banyak toko, pasaru swalayan, dan rumah makan. Di sana ada toko buku besar berlantai empat. Di dalam toko buku, banyak orang sedang mencari dan membaca buku. Lina masuk ke dalam toko buku dan sugura naik ke lantai tiga.

Di lantai itu ada berbagai buku pelajaran sekolah dari SD sampai SMA, kamus, dan buku pelajaran bahasa asing. Banyak murid dan mahasiswa sedang membaca buku. Lina mencari kamus besar bahasa Jepang-Indonesia. Kamus itu ada di atas rok buku. Dia mengambir kamus itu, lalu melihat harganya. Dia kaget karena kamus itu mahal. Walaupun kamus itu mahal, dia membelinya. Dia ingin pandai berbicara bahasa Jepang.

Sesudah membeli kamus, Lina pergi ke rumah makan. Di sana, dia makan satu polsi nasi goreng dan minum dua gelas jus juruk. Sebelum pulang, dia berbelanja di pasar swalayan. Dia membeli sayur, ikan bakaru, dan nasi goreng. Dia pulang dengan toremu.

練習1：つづりが間違っている単語を見つけて訂正し、その単語の意味も書きなさい。

1. _____ → _____ (   )
2. _____ → _____ (   )
3. _____ → _____ (   )
4. _____ → _____ (   )
5. _____ → _____ (   )
6. _____ → _____ (   )
7. _____ → _____ (   )
8. _____ → _____ (   )
9. _____ → _____ (   )
10. _____ → _____ (   )

練習２：文章の内容に即して、以下の設問に完全なインドネシア語の文で答えなさい。

1. Apa pekerjaan Lina?

　_____.

2. Di mana dia belajar bahasa Jepang?

　_____.

3. Di lantai berapa ada kamus dan buku pelajaran bahasa asing?

　_____.

4. Bagaimana harga kamus besar bahasa Jepang-Indonesia itu?

　_____.

5. Di rumah makan, dia makan dan minum apa?

　_____.

6. Di pasar swalayan, dia membeli apa?

　_____.

練習３：次の文をインドネシア語で表現しなさい。

1. 私の名前はウトモです。大学４回生です。

　_____. _____.

2. 二人のきょうだいがいます。_____.

3. 姉は一番上の子です。彼女は看護師です。_____.

4. 弟は三番目の子です。彼はまだ高校生です。_____.

5. 父と母は忍耐強い人です。_____.

練習４：練習３を参考にしてあなた自身のことをインドネシア語で書きなさい。

1._____.

2._____.

3._____.

4._____.

5._____.

エディ・プリヨノ（Edy Priyono）

インドネシア共和国中部ジャワ州スラカルタ市出身
スブラス・マレット国立大学教育学部英語専攻 首席卒業
クラテン教育大学言語学講師を務めた後、1992 年来日
1997 年京都産業大学非常勤講師
2012 年京都産業大学教授
2022 年京都産業大学客員教授
「インドネシア語ことわざ用法辞典」共著 大学書林 2001 年
「プログレッシブインドネシア語辞典」分担執筆 小学館 2018 年

ペアワークで学ぶ
インドネシア語会話
PERCAKAPAN BAHASA INDONESIA BERPASANGAN

2024 年 2 月 7 日発行

著者……エディ・プリヨノ
Text © 2024 Edy Priyono

イラストレーション・写真……棚橋慶恵
Illustrations and Photographs © 2024 Tanahashi Toshie

発行……三学出版
520-0835 滋賀県大津市別保 3 丁目 3 - 57
TEL077 - 536 - 5403　FAX 077 - 536 - 5404
e-mail　info@sangakusyuppan.com

印刷・製本……株式会社ファインワークス